maktab - школа	2
sayohat - путовање	5
transport - транспорт	8
shahar - град	10
manzara - пејсаж	14
restoran - ресторан	17
supermarket - супермаркет	20
ichimliklar - напитци	22
taom - јело	23
chorvachilik xoʻjaligi - сеоско газдинство	27
uy - кућа	31
mehmonxona - дневна соба	33
oshxona - кухиња	35
vannaxona - купаоница	38
bolalar xonasi - дечија соба	42
kiyim - одећа	44
idora - канцеларија	49
iqtisod - економија	51
kasblar - занимања	53
asboblar - алати	56
musiqa asboblari - музички инструмент	57
hayvonot bogʻi - зоолошки врт	59
sport oʻyinlari - спорт	62
mashgʻulot - активности	63
oila - породица	67
tana - тело	68
shifoxona - болница	72
tez yordam - хитни случај	76
yer - земља	77
soat - сат	79
xafta - седмица	80
yil - година	81
shakllar - облици	83
ranglar - боје	84
qarama-qarshi maʼnoli soʻzlar - супротности	85
raqamlar - бројеви	88
tillar - језици	90
kim / nima / qanday - ко / шта / како	91
qayerda - где	92

Impressum
Verlag: BABADADA GmbH, Nedderfeld 112 , 22529 Hamburg
Geschäftsführer / Verlagsleitung: Harald Hof
Druck: Books on Demand GmbH, In de Tarpen 42, 22848 Norderstedt

Imprint
Publisher: BABADADA GmbH, Nedderfeld 112 , 22529 Hamburg, Germany
Managing Director / Publishing direction: Harald Hof
Print: Books on Demand GmbH, In de Tarpen 42, 22848 Norderstedt, Germany

maktab
школа

- sinf — учиона
- boʻlmoq — делити
- doska — плоча
- maktab hovlisi — школско двориште
- oʻqituvchi — наставник
- qogʻoz — папир
- yozmoq — писати
- ruchka — хемијска оловка
- ish stoli — писаћи сто
- lineyka — лењир
- kitob — књига
- oʻquvchi — ученик

osma sumka
торба

qalamdon
перница

qalam
графитна оловка

qalam uchlagich
шиљило за оловке

oʻchirgich
гумица за брисање

rasm albomi
блок за цртање

chizmachilik
цртеж

bo'yoq cho'tka
кист

bo'yoqdon
кутија са бојама

qaychi
маказе

yelim
лепило

mashg'ulot daftari
бележница

uy ishi
домаћи задатак

raqam
број

qo'shmoq
сабирати

ayirmoq
одузимати

ko'paytirmoq
множити

sanamoq
рачунати

xat
слово

alifbo
абецеда

so'z boyligi
реч

maktab - школа

matn
текст

o'qimoq
читати

bo'r
креда

dars
час

jurnal
дневник

imtihon
испит

guvohnoma
сведочанство

maktab formasi
школска униформа

ta'lim
образовање

qomus
лексикон

oliygoh
универзитет

mikroskop
микроскоп

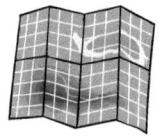
xarita
карта

urna
кошара за папир

maktab - школа

sayohat

путовање

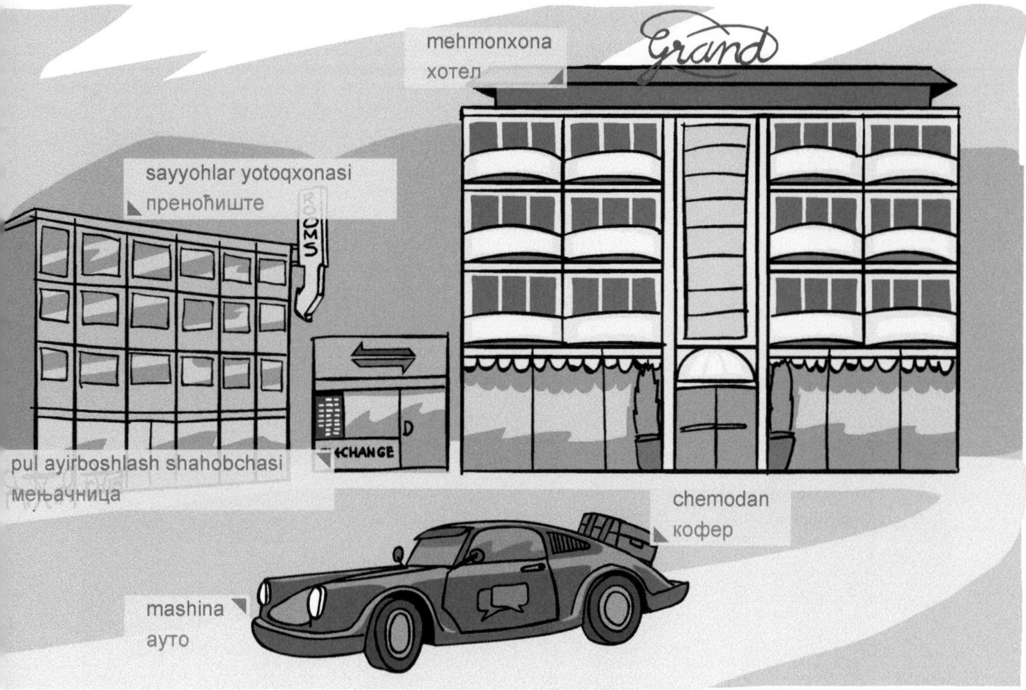

mehmonxona
хотел
Grand
sayyohlar yotoqxonasi
преноћиште
ROOMS
pul ayirboshlash shahobchasi
мењачница
chemodan
кофер
mashina
ауто

til
......
језик

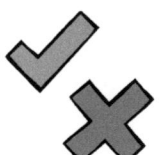

ha / yo‘q
......
да / не

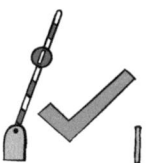

Xo‘p
......
океј

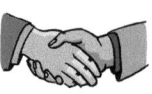

salom
......
здраво

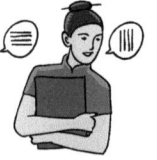

tarjimon
......
преводилац

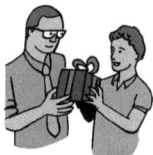

Raxmat
......
хвала

necha pul...?
Колико кошта...?

Tushunmadim
не разумем

muammo
проблем

Xayrli kech!
добро вече!

Xayrli tong!
Добро јутро!

Xayrli tun!
Лаку ноћ!

ko'rishguncha
довиђења

yo'nalish
смер

yo'lovchi yuki
пртљага

safarxalta
торба

yuk xalta
руксак

mehmon
гост

xona
соба

uyquqop
врећа за спавање

palatka
шатор

sayohlarga ma'lumot berish stoli
туристичке информације

plyaj
плажа

omonat karta
кредитна картица

nonushta
доручак

nonushta
ручак

kechki ovqat
вечера

chipta
карта за вожњу

lift
лифт

marka
поштанска маркица

chegara
граница

bojxona
царина

elchixona
амбасада

viza
виза

pasport
пасош

sayohat - путовање

transport
транспорт

kema
брод

samolyot
авион

o't o'chiruvchi mashina
ватрогасно возило

avtobus
аутобус

yuk avtomobili
теретно возило

motorli qayiq
моторни чамац

velosiped
бицикл

mashina
ауто

solsimon yassi kema

трајект

qayiq

чамац

mototsikl

мотоцикл

posbon mashinasi

полицијски ауто

poyga mashinasi

тркаћи ауто

kiraga olingan avtoulov

изнајмљено ауто

transport - транспорт

avtoijara

дељење аутомобила

shatakka oluvchi yuk avtomobili

вучно возило

axlat mashinasi

возило за одвоз смећа

motor

мотор

yoqilg'i

бензин

yoqilg'i quyish shahobchasi

бензинска станица

yo'l belgisi

саобраћајни знак

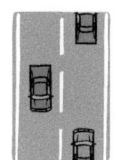

yo'l harakati

саобраћај

tirband

застој

vtomobil to'xtab turish joyi

паркиралиште

poyezd bekati

железничка станица

rels

шине

poyezd

воз

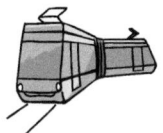

tramvay

трамвај

vagon

вагон

transport - транспорт

vertolyot

хеликоптер

aeroport

аеродром

minora

кула

yo'lovchi

путник

konteyner

контејнер

qog'oz quti

картон

aravacha

колица

savat

корпа

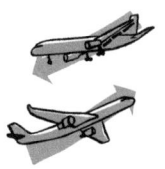

uchmoq / qo'nmoq

узлетети / слетети

shahar
град

qishloq

село

shahar markazi

центар града

uy

кућа

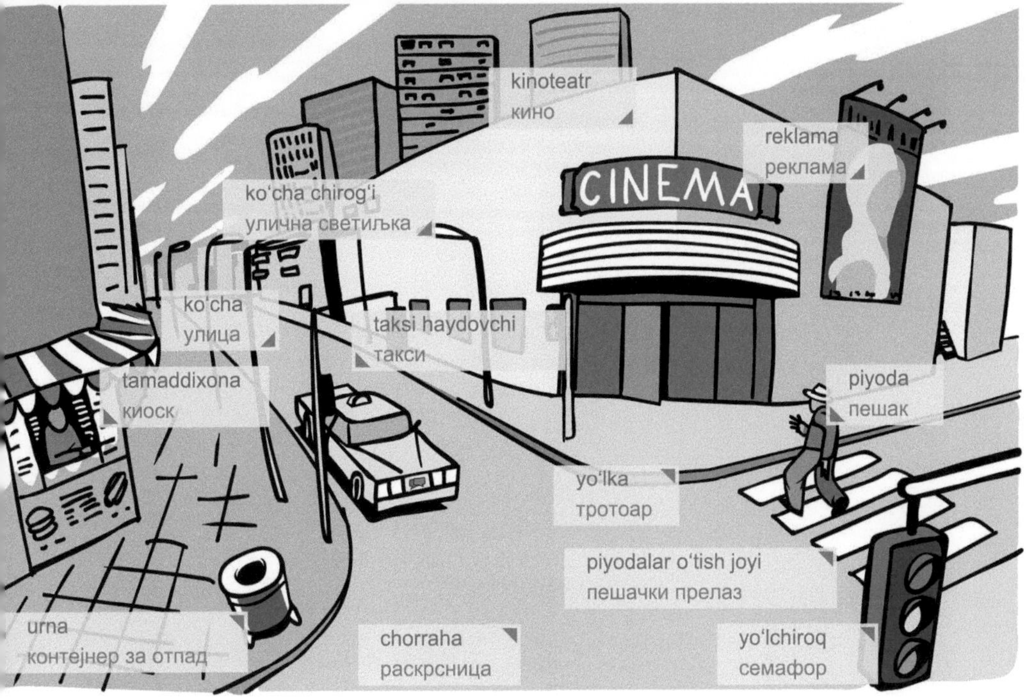

kinoteatr
кино

reklama
реклама

ko'cha chirog'i
улична светиљка

ko'cha
улица

taksi haydovchi
такси

tamaddixona
киоск

piyoda
пешак

yo'lka
тротоар

piyodalar o'tish joyi
пешачки прелаз

urna
контејнер за отпад

chorraha
раскрсница

yo'lchiroq
семафор

kulba
колиба

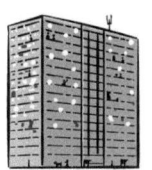

kvartira
стан

poyezd bekati
железничка станица

mahalliy hokimiyat binosi
већница

muzey
музеј

maktab
школа

shahar - град

oliygoh

универзитет

bank

банка

shifoxona

болница

mehmonxona

хотел

dorixona

апотека

idora

канцеларија

kitob do'koni

књижара

do'kon

продавница

gul do'koni

цвећара

supermarket

супермаркет

bozor

трг

univermag

робна кућа

baliq do'koni

рибарница

savdo markazi

трговачки центар

bandargoh

лука

shahar - град

istirohat bog'i
парк

bank
клупа

ko'prik
мост

zinapoya
степенице

metro
подземна железница

yer osti yo'li
тунел

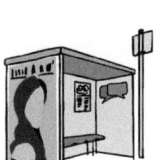

avtobus bekati
аутобуска станица

bar
бар

restoran
ресторан

pochta qutisi
поштанско сандуче

ko'cha yozuv osma taxtasi
улични знак

to'xtab turish vaqtini hisoblagach
паркирни аутомат

hayvonot bog'i
зоолошки врт

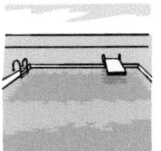

basseyn
базен

masjid
џамија

shahar - град

chorvachilik xoʻjaligi

сеоско газдинство

atrof-muhit ifloslanishi

загађење околине

qabriston

гробље

ibodatxona

црква

bolalar oʻyingohi

игралиште

ehrom

храм

manzara
пејсаж

- yaproq — лист
- yoʻlkoʻrsatgich — путоказ
- yoʻl — пут
- oʻtloq — ливада
- tosh — камен
- daraxt — дрво
- sayyoh — шетач
- daryo — река
- maysa — трава
- gul — цвет

vodiy
долина

qir
планина

ko'l
језеро

o'rmon
шума

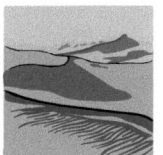

cho'l
пустиња

vulkan
вулкан

qal'a
дворац

kamalak
дуга

qo'ziqorin
гљива

palma daraxti
палма

pashsha
москито

chivin
мува

chumoli
мрав

asalari
пчела

o'rgimchak
паук

manzara - пејсаж

qo'ng'iz
буба

qurbaqa
жаба

olmaxon
веверица

tipratikon
јеж

quyon
зец

ukki
сова

qush
птица

oqqush
лабуд

erkak cho'chqa
дивља свиња

bug'u
јелен

butoq shohli kiyik
лос

to'g'on
насип

shamol generatori
ветрењача

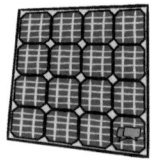

quyosh batareyasi
соларна плоча

iqlim
клима

manzara - пејсаж

restoran
ресторан

ofitsiant — конобар
taomnoma — јеловник
stul — столица
sho'rva — супа
pitstsa — пица
oshxona anjomlari — прибор за јело
dasturxon — стољак

gazak — предјело

asosiy taom — главно јело

desert — десерт

ichimliklar — напитци

taom — јело

butilka — флаша

tez pishar taom

брза храна

ko'cha taomi

имбис храна

choynak

чајник

shakardon

доза за шећер

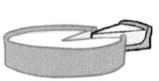

portsiya

порција

espresso kofe mashinasi

апарат за еспресо

bolalar kursichasi

висока столица

hisob

рачун

lagan

послужавник

pichoq

нож

sanchqi

виљушка

qoshiq

кашика

choy qoshiq

чајна кашика

qo'l sochiq

салвета

stakan

чаша

restoran - ресторан

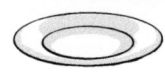
likop
тањир

sho'rva kosa
тањир за супу

taqsimcha
тањирић

qayla
сос

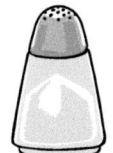
tuzdon
сољенка

qalampir yanchgich
млин за бибер

sirka
сирће

yog'
уље

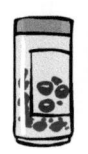
ziravorlar
зачини

ketchup
кечап

xantal
сенф

mayonez
мајонеза

supermarket
супермаркет

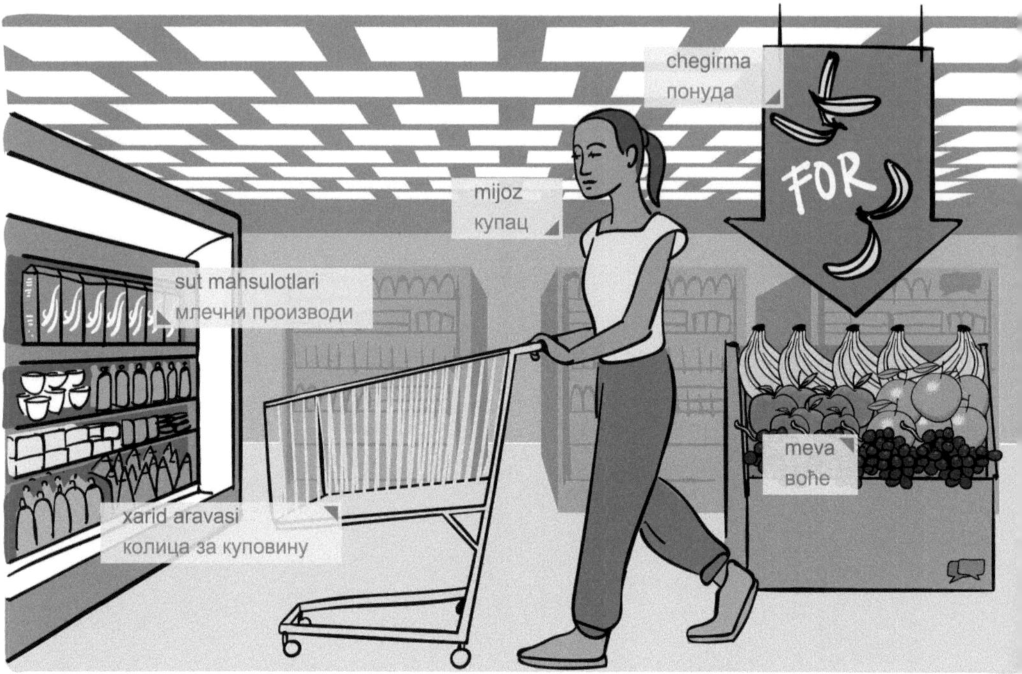

chegirma
понуда
FOR
mijoz
купац
sut mahsulotlari
млечни производи
meva
воће
xarid aravasi
колица за куповину

BUTCHERS

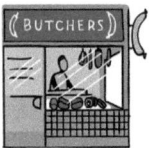

qassobxona

месница

BAKERY

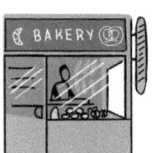

nonvoyxona

пекара

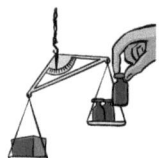

tarozida o'lchamoq

вагати

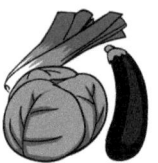

sabzavot

поврће

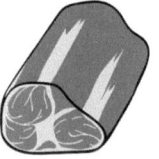

go'sht

месо

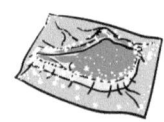

muzlatilgan taomlar

смрзнута храна

yaxna go'sht

нарезак

konserva

конзерве

kir yuvish vositasi

средство за прање

shirinliklar

слаткиши

kundalik iste'mol taomlari

артикли за домаћинство

yuvish vositalari

средства за чишћење

sotuvchi

продавачица

kassa

благајна

kassachi

благајник

xarid ro'yxati

листа за куповину

ish vaqti

време рада

hamyon

новчаник

omonat karta

кредитна картица

xalta

торба

tsellofan xalta

пластична кеса

supermarket - супермаркет

ichimliklar
напитци

suv
вода

sharbat
сок

sut
млеко

koka-kola
кола

vino
вино

pivo
пиво

spirtli ichimlik
алкохол

kakao
какао

choy
чај

kofe
кава

espresso
еспресо

kapuchino
капућино

taom
jelo

banan

банана

olmaxon

јабука

apelsin

наранџа

qovun

лубеница

limon

лимун

sabzi

шаргарепа

sarimsoq

бели лук

bambuk

бамбус

piyoz

лук

qo'ziqorin

гљива

yong'oq

орашасти плодови

lag'mon

резанци

spagetti

шпагете

guruch

рижа

salat

салата

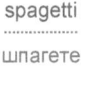

kartoshka-fri

помфрит

qovurilgan kartoshka

печени крумпир

pitstsa

пица

gamburger

хамбургер

sendvich

сендвич

toʻqmoqlangan toʻsh qiymasi

шницла

dudlangan choʻchqa goʻshti

шунка

salyami kolbasasi

салама

sosiska

кобасица

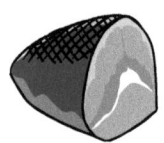

tovuq goʻshti

кокош

qovurilgan

печење

baliq

риба

taom - jelo

suli bo'tqasi
зобене пахуљице

myusli
мусли

makkajo'xori yormasi
кукурузне пахуљице

un
брашно

frantsuz bulochkasi
кроасан

bulochka
пециво

non
хлеб

qizartirilgan non burdasi
тост

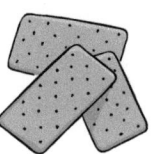
pishiriq
кекси

sariyog'
маслац

tvorog
свежи сир

pirog
колач

tuxum
jaje

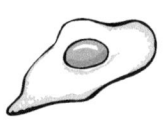
qovurilgan tuxum
jaje на око

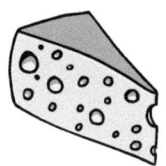
pishloq
сир

taom - jelo

25

muzqaymoq	shakar	asal
сладолед	шећер	мед

murabbo	shokolad pastasi	zarchava
мармелада	нугат крема	кари

taom - јело

chorvachilik xo'jaligi
сеоско газдинство

dehqon uyi — сеоска кућа
pichanxona — амбар
poxol tuguni — бале сена
dala — поље
ot — коњ
tirkama — приколица
qulun — ждребе
traktor — трактор
eshak — магарац
qo'zi — лане
qo'y — овца

echki
коза

sigir
крава

buzoq
теле

cho'chqa
свиња

cho'chqa bolasi
прасе

buqa
бик

g'oz
гуска

o'rdak
патка

jo'ja
пилићи

tovuq
кокош

xo'roz
петао

kalamush
пацов

mushuk
мачка

sichqon
миш

ho'kiz
вол

it
пас

katalak
кућица за пса

hovli bog' shlangi
вртно црево

gulchelak
канта за поливање

belo'roq
коса

temir omoch
плуг

chorvachilik xo'jaligi - сеоско газдинство

qo'lo'roq

срп

chopqi

мотика

panshaxa

виљушка за ђубриво

bolta

секира

g'altakarava

тачке

oxur

корито

sut bidoni

посуда за млеко

to'rva

врећа

panjara

ограда

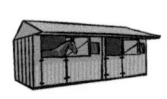

og'ilxona

штала

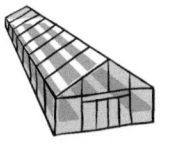

issiqxona

стакленик

tuproq

земља

urug'

семе

o'g'it

ђубриво

kombayn

комбајн

chorvachilik xo'jaligi - сеоско газдинство

hosil olmoq
жети

yig'im-terim
жетва

yams
јамс зачин

bug'doy
пшеница

soya
соја

kartoshka
крумпир

makkajo'xori
кукуруз

raps urug'i
уљана репица

mevali daraxt
воћка

maniok
гомољ маниоке

yorma
житарице

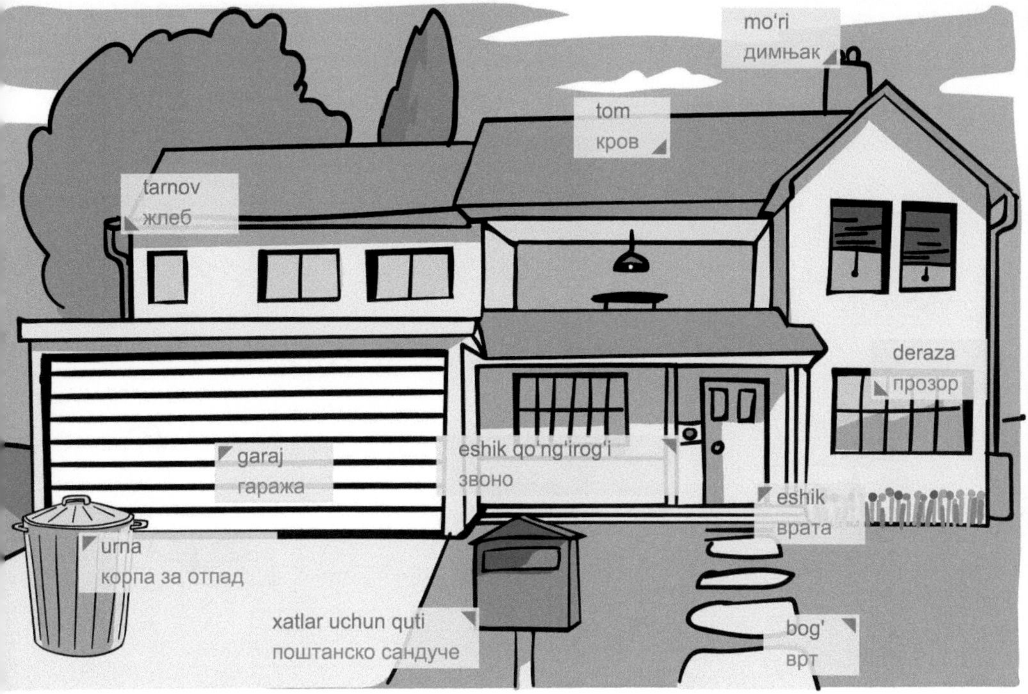

uy
кућа

mo'ri — димњак
tom — кров
tarnov — жлеб
deraza — прозор
garaj — гаража
eshik qo'ng'irog'i — звоно
eshik — врата
urna — корпа за отпад
xatlar uchun quti — поштанско сандуче
bog' — врт

mehmonxona
дневна соба

vannaxona
купаоница

oshxona
кухиња

yotoqxona
спаваћа соба

bolalar xonasi
дечија соба

oshxona
трпезарија

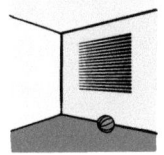

pol
под

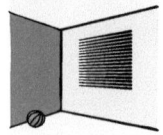

devor
зид

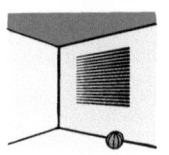

ship
строп

podval
подрум

sauna
сауна

balkon
балкон

ayvon
тераса

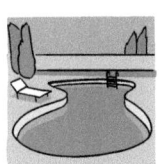

basseyn
базен

oʻt oʻrgich mashina
косилица за траву

koʻrpajild
постељина за кревет

choyshab
дека за кревет

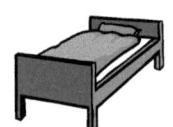

krovat
кревет

supurgi
метла

paqir
канта

murvat
прекидач

mehmonxona
дневна соба

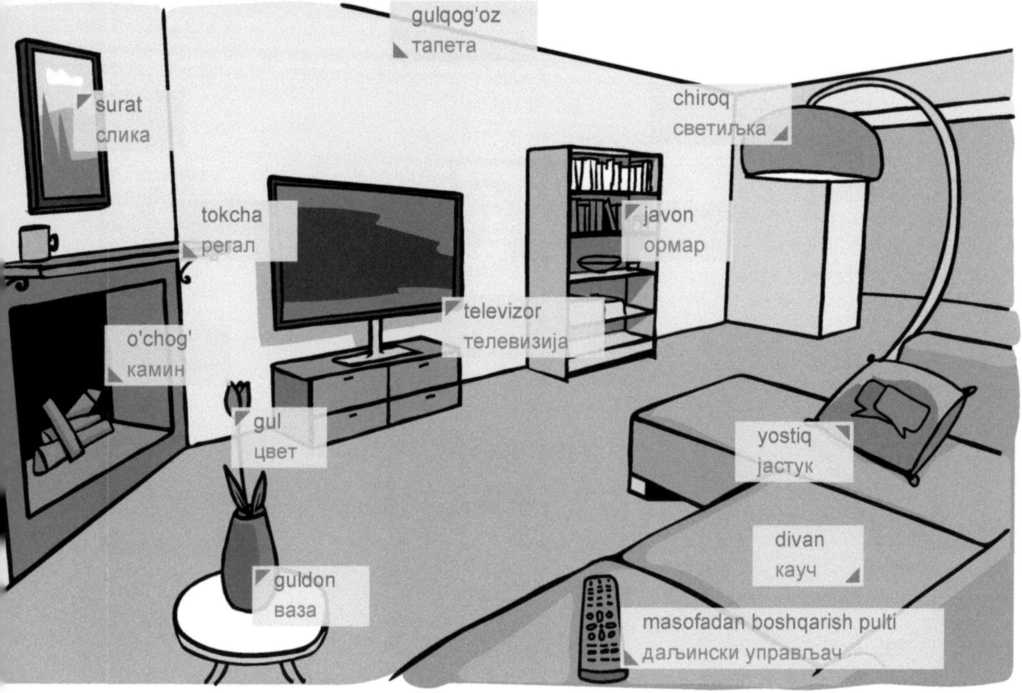

- gulqog'oz / тапета
- surat / слика
- chiroq / светиљка
- tokcha / регал
- javon / ормар
- o'chog' / камин
- televizor / телевизија
- gul / цвет
- yostiq / јастук
- guldon / ваза
- divan / кауч
- masofadan boshqarish pulti / даљински управљач

gilam
тепих

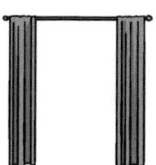

parda
завеса

stol
сто

stul
столица

tebranma kursi
столица за њихање

kreslo
фотеља

kitob
књига

koʻrpa
дека

hasham
декорација

oʻtin
дрво за огрев

kino
филм

stereo qurilma
хи-фи уређај

kalit
кључ

gazeta
новине

rasm
слика на платну

plakat
постер

radio
радио

yon daftar
блок за писање

chang yutgich
усисивач

kaktus
кактус

sham
свећа

mehmonxona - дневна соба

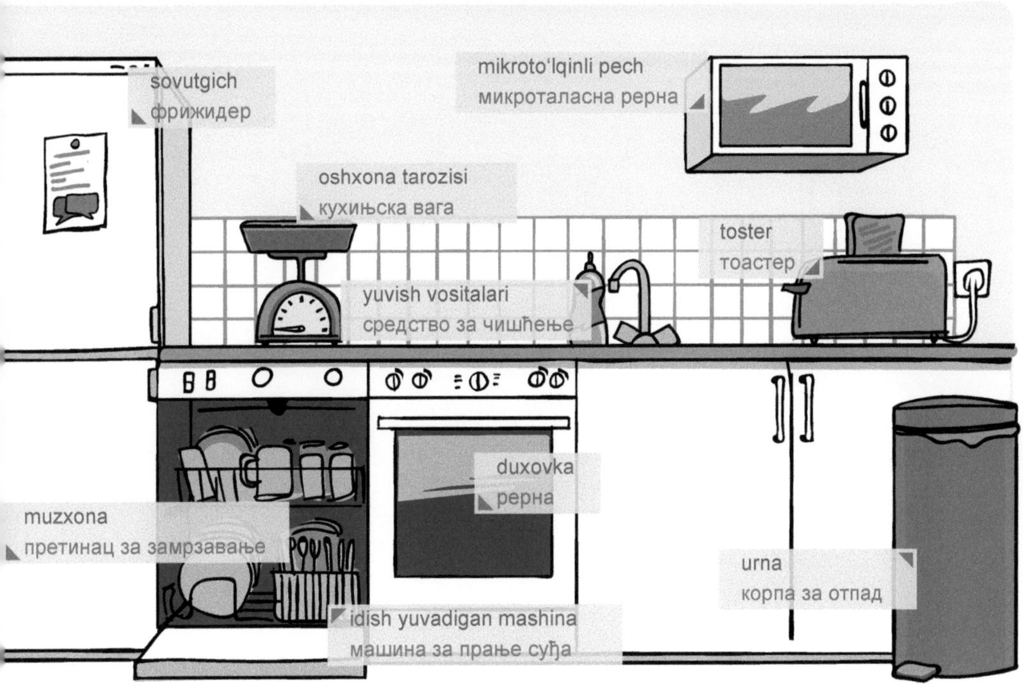

oshxona
кухиња

sovutgich
фрижидер

mikroto'lqinli pech
микроталасна рерна

oshxona tarozisi
кухињска вага

yuvish vositalari
средство за чишћење

toster
тоастер

muzxona
претинац за замрзавање

duxovka
рерна

urna
корпа за отпад

idish yuvadigan mashina
машина за прање суђа

plita
шпорет

kastryul
лонац

cho'yan qozon
гвоздени лонац

bo'rtma tubli tova
вок / кадаи

tova
тава

chovgun
кувало за воду

 **mantiqasqon** кувало на пару	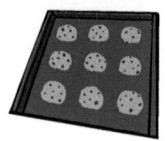 **tunuka tova** лим за печење	 **chinni idish** посуђе
 **krushka** чаша	 **kosa** посуда	 **taom yeyish tayoqchalari** штапићи за јело
 **cho'mich** кутлача	 **kurakcha** лопатица	 **ko'pirtirgich** пењача
 **chovli** сито за кување	 **elak** сито	 **qirg'ich** рибеж
 **hovoncha** мужар	 **gril** роштиљ	 **olov** огњиште

oshxona - кухиња

oshtaxta
даска

juva
оклагија

parmasimon tiqin ochgich
вадичеп

konserva
конзерва

konserva ochgich
отварач конзерви

tutgich
крпа за лонац

unitaz
судопер

idish cho'tka
четка

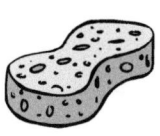

qozonsochiq
сунђер

qorishtirgich
миксер

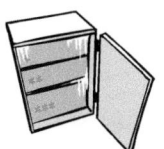

muzlatgich
замрзивач

so'rg'ichli chaqaloq butilkasi

флашица за бебе

kran
славина за воду

oshxona - кухиња

vannaxona
купаоница

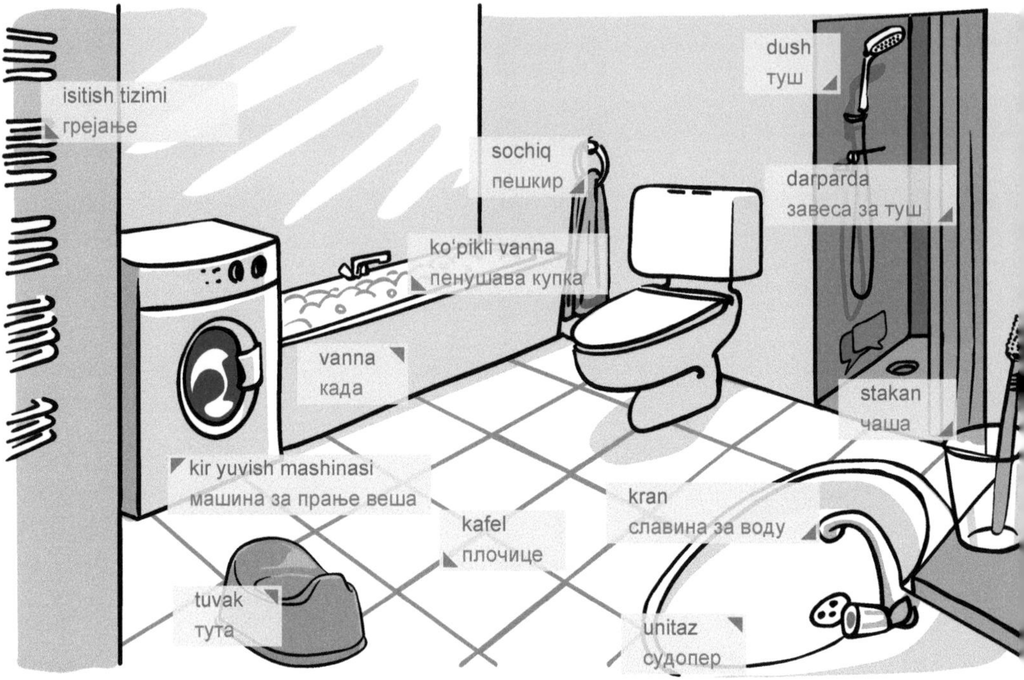

isitish tizimi
грејање

dush
туш

sochiq
пешкир

darparda
завеса за туш

ko'pikli vanna
пенушава купка

vanna
када

stakan
чаша

kir yuvish mashinasi
машина за прање веша

kafel
плочице

kran
славина за воду

tuvak
тута

unitaz
судопер

hojatxona
тоалет

polga o'rnatiladigan unitaz
чучавац

tahoratdon
бидет

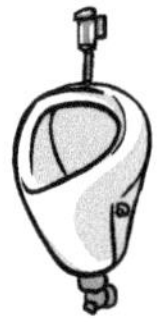

siydik unitazi
писоар

hojatxona qog'ozi
тоалетни папир

hojatxona cho'tkasi
четка за тоалет

tish choʻtka

четкица за зубе

tish pastasi

паста за зубе

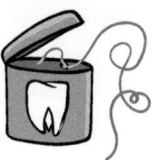

tish tozalagich ip

конац за зубе

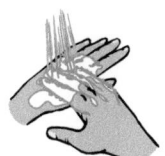

yuvmoq

прати

dastakli dush

туш ручица

tahorat uchun dush

туш за прање интимних делова

togʻora

лавор

yelka qashlaydigan choʻtka

четка за прање леђа

sovun

сапун

dush uchun gel

гел за туширање

shampun

шампон

mochalka

крпа за прање

quvur

одвод

krem

крема

dezodorant

дезодоранс

vannaxona - купаоница

ku'zgu

огледало

qo'l ku'zgusi

козметичко огледало

ustara

бријач

ustara uchun ko'pik

пена за бријање

salqinlantiruvchi balzam

лосион за после бријања

taroq

чешаљ

cho'tka

четка

fen

фен за косу

soch uchun lak

cпрej за косу

pardoz-andoz

шминка

lab uchun pomada

руж за усне

tirnoq laki

лак за нокте

paxta

вата

tirnoq qaychisi

маказе за нокте

atir

парфем

vannaxona - купаоница

pardoz-andoz xaltasi

козметичка торбица

kursi

столица

tarozi

вага

cho'milish xalati

огртач

rezina qo'lqop

рукавице за чишћење

tampon

тампон

gigiyenik taglik

уложак

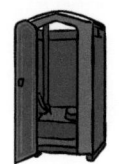

biohojatxona

хемијски тоалет

vannaxona - купаоница

bolalar xonasi
дечија соба

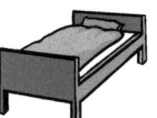

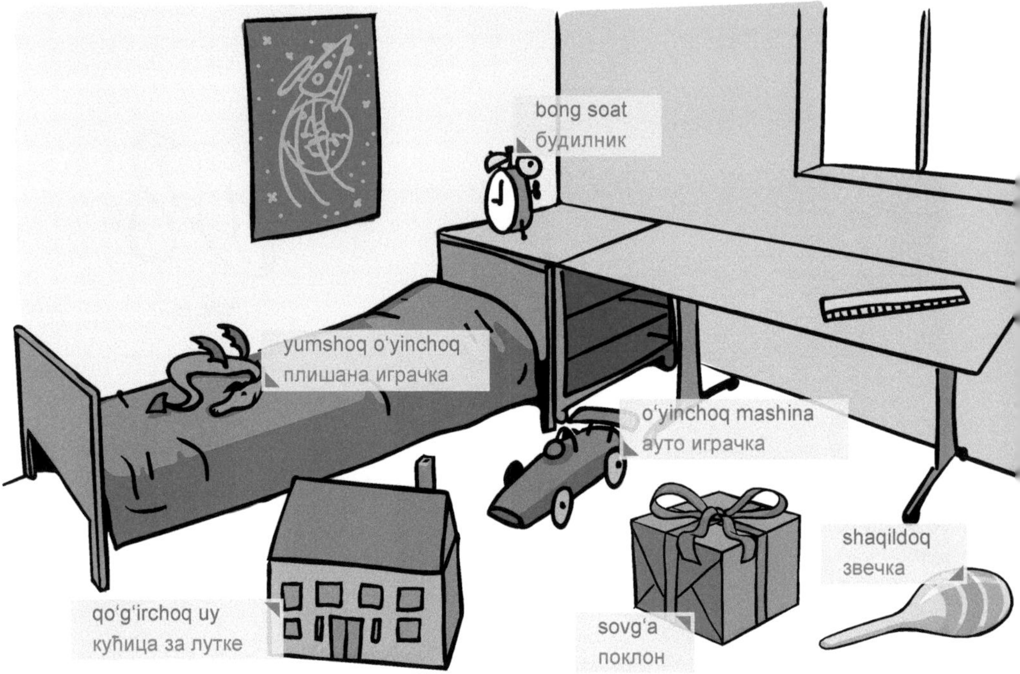

shar	krovat	bolalar aravachasi
балон	кревет	дјечија колица

karta to'plami	terma tasvir	kulgili sahna asari
игра са картама	слагалица	стрип

lego gʻishtlari
лего коцкице

oʻyinchoq kubiklar
коцкице за слагање

oʻyinchoq qahramon
акциони јунак

polzunka
бенкица за бебе

uchar likopcha
фризби

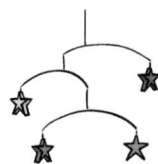
osma shaqildoq
висеће играчке

stol oʻyini
друштвене игре

oshiq
коцка

poyezd maketi
минијатурна жељезница

soʻrgʻich
дуда

oʻtirish
забава

rasmli kitob
сликовница

koptok
лопта

qoʻgʻirchoq
лутка

oʻynamoq
играти

qumdon

пешчаник

arg'imchoq

љуљачка

o'yinchoqlar

играчка

o'yin pristavkasi

конзола за игре

uch g'ildirakli velosiped

трицикл

baxmal ayiq

теди

kiyim shkafi

ормар

kiyim
одећа

paypoq

кратке чарапе

chulki

чарапе

kolgotka

хулахопке

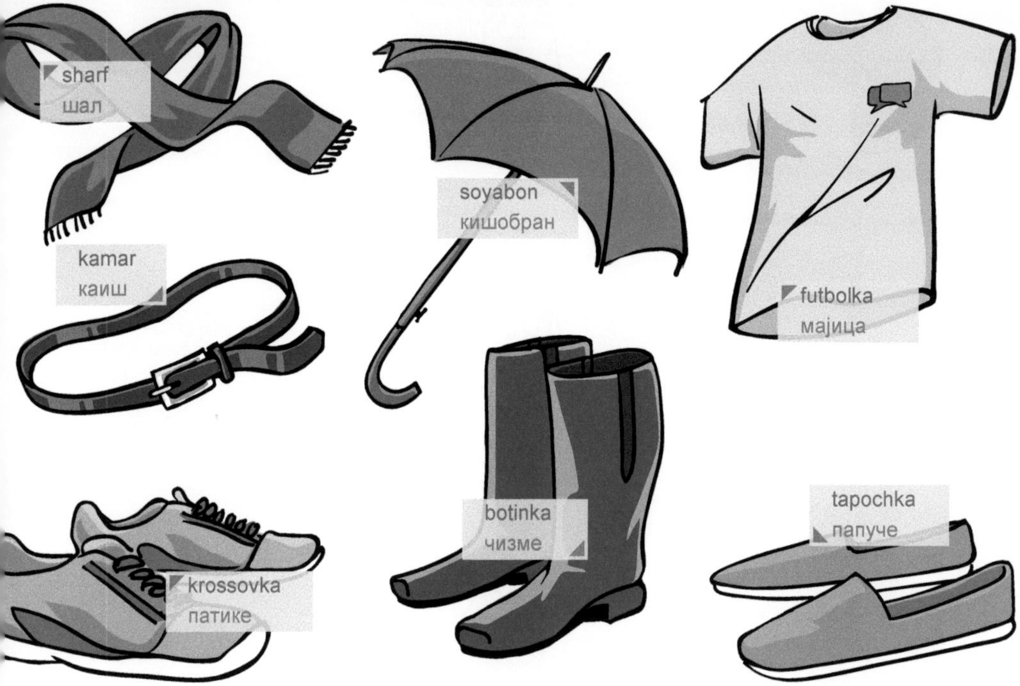

sharf
шал

soyabon
кишобран

futbolka
мајица

kamar
каиш

botinka
чизме

tapochka
папуче

krossovka
патике

shippak
сандале

tufli
ципеле

rezina etik
гумене чизме

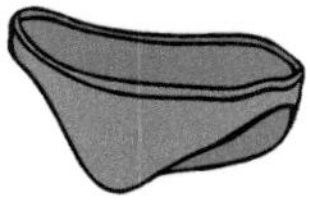

tor tursik
гаћице

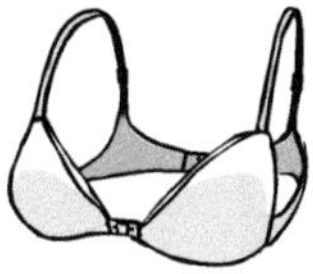

ko'krakpech
грудњак

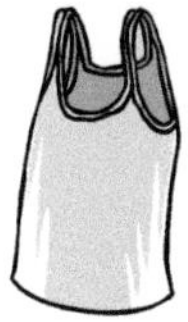

mayka
поткошуља

kiyim - одећа

bodi
боди

ishton
панталоне

jinsi
фармерке

yubka
сукња

kofta
блуза

ko'ylak
кошуља

jemper
џемпер

uzun chakmon
џемпер с капуљачом

sport bichimidagi pidjak
сако

kurtka
јакна

palto
мантил

plash
кабаница

libos
костим

ko'ylak
хаљина

kelin ko'ylak
венчаница

kiyim - одећа

kostyum shim
одело

tungi koʻylak
спаваћица

pijama
пиџама

sari
сари

sholroʻmol
марама за главу

salla
турбан

paranji
бурка

chakmon
кафтан

abaya
абаја

choʻmilish kostyumi
купаћи костим

tursik
купаће гаћице

shortik
кратке панталоне

sport kostyumi
одећа за тренинг

fartuk
кецеља

qoʻlqop
рукавице

kiyim - одећа

tugma
дугме

ko'zoynak
наочаре

bilaguzuk
наруквица

munchoq
огрлица

uzuk
прстен

sirg'a
наушница

kepka
капа

palto ilgak
вешалица

shlyapa
шешир

bo'yinbog'
кравата

zamok
патент затварач

dubulg'a
кацига

shim tortgich
нараменице

maktab formasi
школска униформа

forma
униформа

oshxo'rak

подбрадак

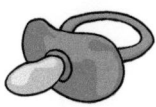

so'rg'ich

дуда

taglik

пелена

idora
канцеларија

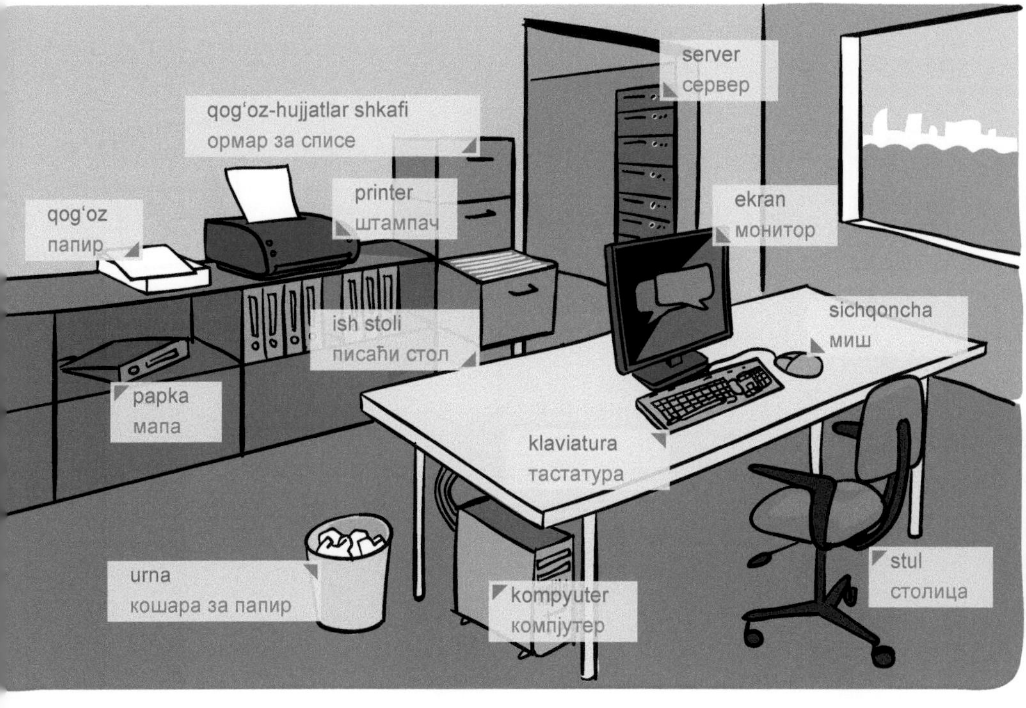

- qog'oz-hujjatlar shkafi — ормар за списе
- server — сервер
- printer — штампач
- ekran — монитор
- qog'oz — папир
- ish stoli — писаћи сто
- sichqoncha — миш
- papka — мапа
- klaviatura — тастатура
- urna — кошара за папир
- kompyuter — компјутер
- stul — столица

kofe krujkasi

шалица за каву

kalkulyator

калкулатор

internet

интернет

noutbuk
лаптоп

xat
писмо

maktub
порука

uyali telefon
мобилни телефон

tarmoq
мрежа

nusxa ko'chirgich
уређај за копирање

dastur
софтвер

telefon
телефон

rozetka
утичница

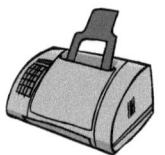
faks
факс

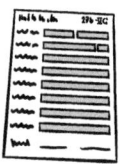
shakllar
формулар

hujjat
документ

iqtisod
економија

xarid qilmoq

куповати

to'lamoq

платити

savdolashmoq

трговати

pul

новац

dollar

долар

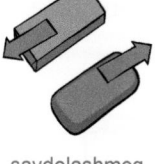

yevro

евро

yyen

јен

rubl

рубља

shvetsar franki

швајцарски франак

Jenminbi xitoy yuani

ренминдби јуан

rupi

рупија

bankomat

аутомат за новац

pul ayirboshlash shahobchasi
мењачница

oltin
злато

kumush
сребро

neft
нафта

energiya
енергија

narx
цена

shartnoma
уговор

soliq
порез

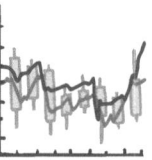
aktsiya
деонице

ishlamoq
радити

ishchi
службеник

ish beruvchi
послодавац

zavod
фабрика

do'kon
продавница

iqtisod - економија

kasblar
занимања

politsiyachi — полицајац

o't o'chiruvchi — ватрогасац

uchuvchi — пилот

shifokor — лекар

oshpaz — кувар

bog'bon
вртлар

duradgor
столар

tikuvchi
кројачица

hakam
судија

kimyogar
хемичар

aktyor
глумац

avtobus haydovchi

возач аутобуса

taksi haydovchisi

возач таксија

baliq ovlovchi

рибар

farrosh

чистачица

tom ustasi

кровопокривач

ofitsiant

конобар

ovchi

ловац

bo'yoqchi

сликар

nonvoyxona

пекар

elektr ustasi

електричар

quruvchi

грађевински радник

muhandis

инжењер

qassob

месар

suvchi chilangar

лимар

pochtachi

поштар

kasblar - занимања

askar
војник

me'mor
архитекта

kassachi
благајник

gulchi
цвећар

sartarosh
фризер

chiptachi
кондуктер

mexanik
механичар

kapitan
капетан

tish shifokori
зубар

olim
научник

yaxudiylar ruhoniysi
раби

imom
имам

rohib
монах

ruhiniy
свећеник

asboblar
алати

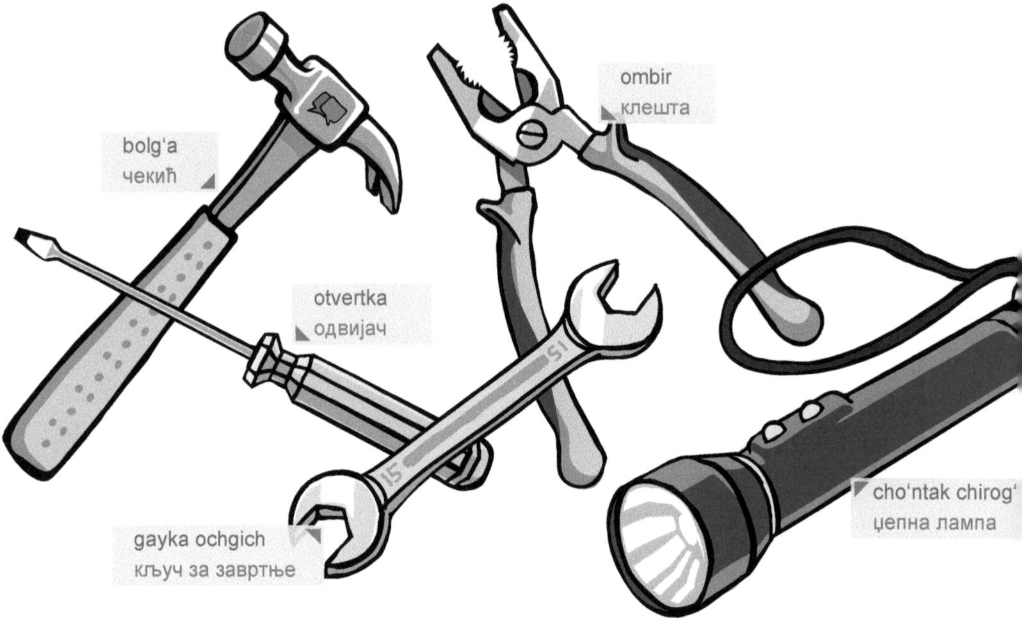

bolgʻa
чекић

ombir
клешта

otvertka
одвијач

gayka ochgich
кључ за завртње

choʻntak chirogʻ
џепна лампа

ekskavator

багер

asboblar qutisi

кутија за алат

narvon

мердевине

qoʻlarra

пила

mix

ексер

parmadasta

бушилица

tuzatmoq
поправити

belkurak
лопата

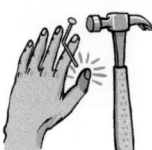

Jin ursin!
до ђавола!

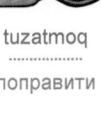

xokandoz
лопатица

bo'yoq idish
лонац за боју

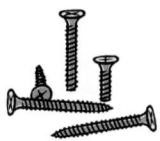

burama mix
завртањи

musiqa asboblari
музички инструмент

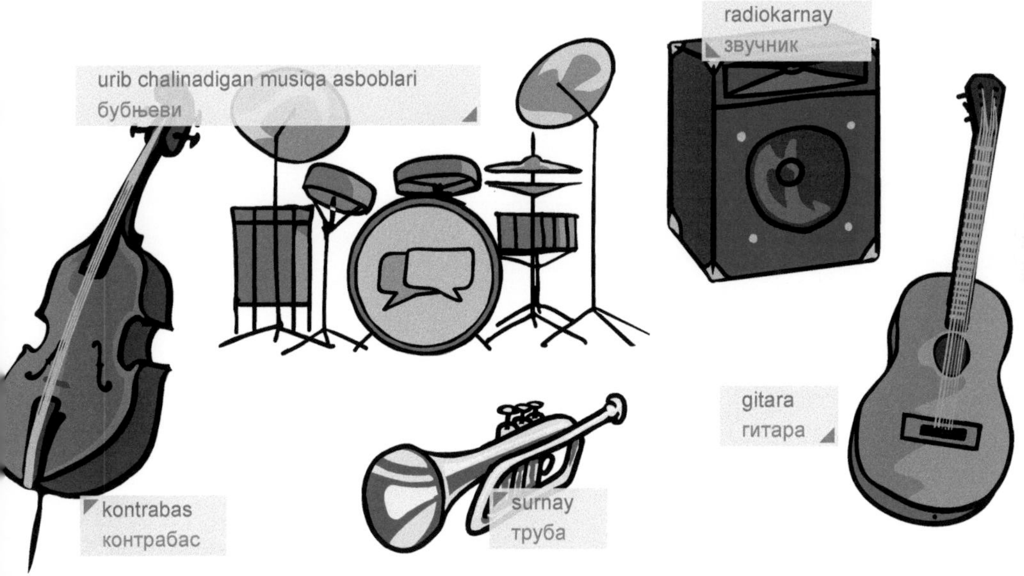

urib chalinadigan musiqa asboblari
бубњеви

radiokarnay
звучник

gitara
гитара

kontrabas
контрабас

surnay
труба

pianino
клавир

g'ijjak
виолина

bas-gitara
бас

qo'shnog'ora
тимпани

do'mbira
удараљке за бубњеве

klaviatura
типке клавира

saksofon
саксофон

nay
флаута

mikrofon
микрофон

hayvonot bogʻi
зоолошки врт

hayvonlar
животиње

fil
слон

kenguru
кенгур

karkidon
носорог

gorilla
горила

ayiq
медвед

tuya

камила

tuyaqush

ној

sher

лав

maymun

мајмун

qizil gʻoz

фламинго

toʻti

папагај

oq ayiq

поларни медвед

pingvin

пингвин

akula

ајкула

tovus

паун

ilon

змија

timsoh

крокодил

hayvonot bogʻi qorovuli

чувар у зоолошком врту

tyulen

туљан

yaguar

јагуар

to'pichoq ot	qoplon	begemot
пони	леопард	нилски коњ

jirafa	burgut	erkak cho'chqa
жирафа	орао	дивља свиња

baliq	toshbaqa	morj
риба	корњача	морж

tulki	ohu	
лисица	газела	

hayvonot bog'i - зоолошки врт

sport o'yinlari
спорт

mashg'ulot
активности

sakramoq — скочити
kulmoq — смејати се
quchmoq — загрлити
yurmoq — ићи
kuylamoq — певати
hayol qilmoq — сањати
ibodat qilmoq — молити се
o'pmoq — пољубити

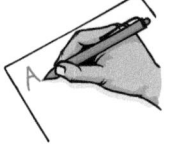

yozmoq
писати

chizmoq
цртати

ko'rsatmoq
показати

itarmoq
гурати

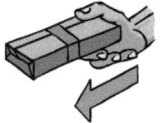

bermoq
дати

olmoq
узети

ega bo'lmoq имати	bajarmoq чинити	bo'lmoq бити

turmoq стојати	yugurmoq трчати	tortmoq повлачити

uloqtirmoq бацити	yiqilmoq падати	aldamoq лежати

kutmoq чекати	tashimoq носити	o'tirmoq седити

kiyinmoq облачити	uxlamoq спавати	uyg'onmoq пробудити се

mashg'ulot - активности

qaramoq
гледати

yig'lamoq
плакати

zarba bermoq
миловати

taramoq
чешљати

gaplashmoq
говорити

tushunmoq
разумети

so'ramoq
питати

tinglamoq
слушати

ichmoq
пити

yemoq
јести

yig'ishtirmoq
поспремити

sevmoq
волети

pishirmoq
кухати

haydamoq
возити

uchmoq
летети

mashg'ulot - активности

kemada suzmoq

пловити

sanamoq

рачунати

o'qimoq

читати

o'rganmoq

учити

ishlamoq

радити

turmush qurmoq

венчати се

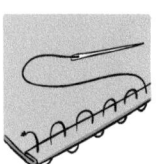

tikmoq

шити

tish yuvmoq

прати зубе

o'ldirmoq

убити

chekmoq

пушити

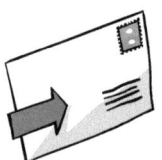

yo'llamoq

послати

oila
породица

buvi / бака
buva / деда
ota / отац
ona / мајка
chaqaloq / беба
qiz / ћерка
oʻgʻil / син

mehmon
гост

amma
тетка

togʻa
ујак, стриц

aka
брат

opa
сестра

tana
тело

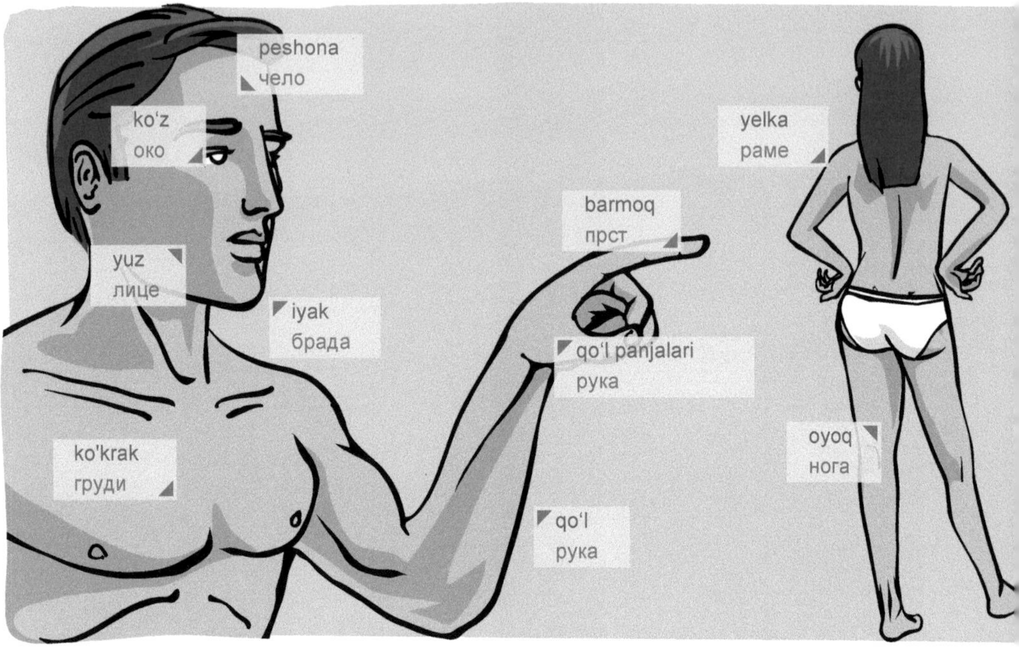

peshona
чело

ko'z
око

yelka
раме

barmoq
прст

yuz
лице

iyak
брада

qo'l panjalari
рука

ko'krak
груди

oyoq
нога

qo'l
рука

chaqaloq
беба

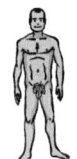

odam
мушкарац

ayol
жена

qiz bola
девојчица

o'g'il bola
дечак

bosh
глава

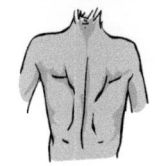
orqa
леђа

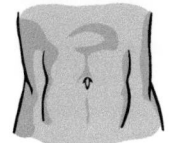
qorin
стомак

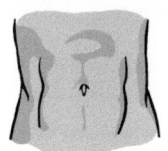
kindik
пупак

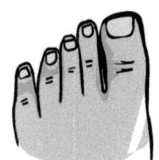
oyoq barmoqlari
ножни прст

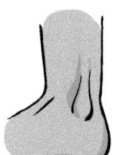
tovon
пета

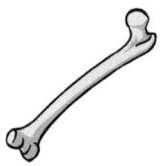
suyak
кост

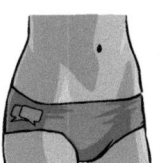
bel
кукови

tizza
колено

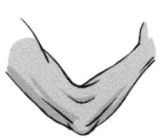
tirsak
лакат

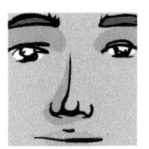
burun
нос

dumba
задњица

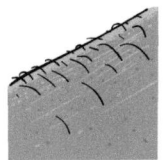
teri
кожа

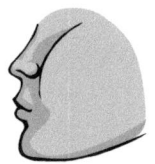
yanoq
образ

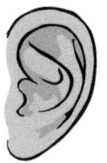
quloq
уво

lab
усна

tana - тело

og'iz
уста

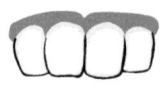
tish
зуб

til
језик

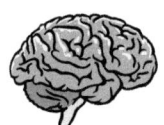
miya
мозак

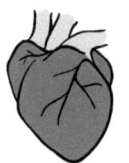
yurak
срце

mushak
мишић

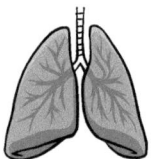
o'pka
плућа

jigar
јетра

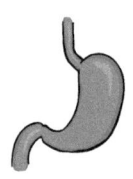
oshqozon
желудац

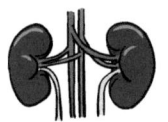
buyrak
бубрези

jinsiy aloqa
полни однос

prezervativ
кондом

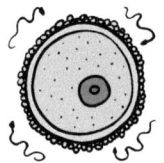
tuxum ho'jayra
јајна ћелија

urug'
сперма

homiladorlik
трудноћа

tana - тело

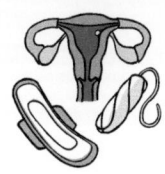

hayz
менструација

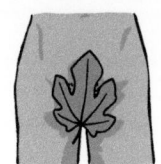

bachadon
вагина

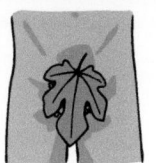

olat
пенис

qosh
обрва

soch
коса

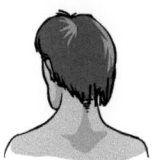

bo'yin
врат

tana - тело

shifoxona
болница

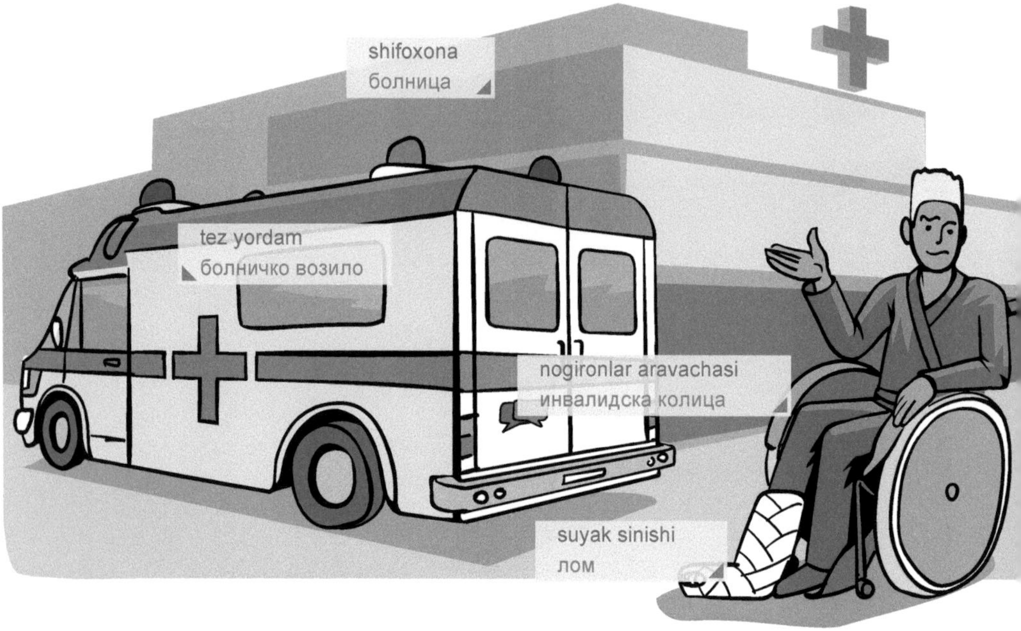

shifoxona
болница

tez yordam
болничко возило

nogironlar aravachasi
инвалидска колица

suyak sinishi
лом

shifokor

лекар

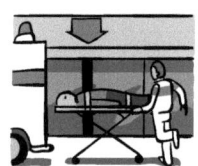

Shoshilich tibbiy yordam ko'rsatish bo'limi

хитна медицинска служба

hamshira

медицинска сестра

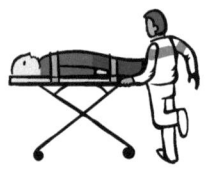

tez yordam

хитни случај

hushsizlik

несвест

og'riq

бол

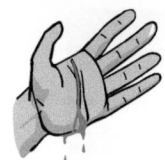
jarohat
повреда

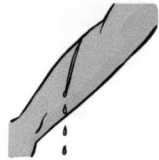
qonash
крварење

yurak xuruji
срчани удар

insult
удар

allergiya
алергија

yo'tal
кашаљ

isitma
грозница

tumov
грипа

ichburug'
пролив

bosh og'rig'i
главобоља

saraton kasalligi
рак

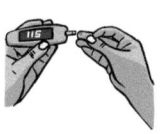
qandli diabet
дијабетес

jarroh
хирург

jarroh pichog'i
скалпел

jarrohlik amaliyoti
операција

tomografiya
цт

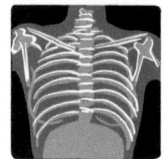
rentgen
рентген

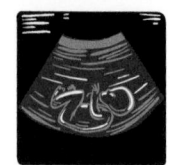
ultratovush tekshiruvi
ултразвук

yuz niqobi
маска

kasallik
болест

qabulxona
чекаона

qo'ltiqtayoq
штака

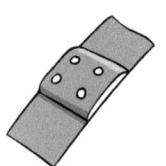
malhamli plastir
фластер

bint
завој

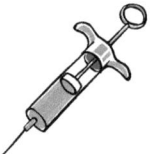
ukol
инјекција

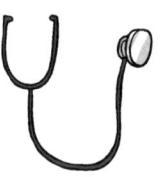
yurak urushini va o'pkani
eshitib ko'radigan asbob
стетоскоп

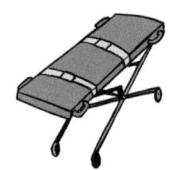
bemorlar uchun zambil
носила

termometr
термометар

tug'ruq
рођење

semizlik
прекомерна тежина

shifoxona - болница

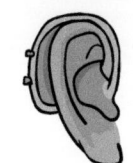
eshitish moslamasi
слушни апарат

dezinfektsiyalovchi vosita
средство за дезинфекцију

infektsiya
инфекција

virus
вирус

OIV / OITS
хив / аидс

dori
медицина

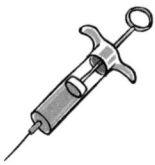
emlash
вакцинација

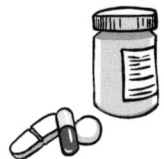
tabletka
таблете

dori
пилула

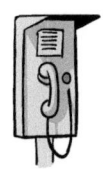
tez yordam qo'ng'irog'i
хитни позив

qon bosimini o'lchash asbobi
уређај за мерење притиска

kasal / sog'lom
болесно / здраво

tez yordam
хитни случај

Yordamga!
помоћ!

xavf-xatar ishorasi
аларм

tajovuz
насртај

hujum
напад

xavf
опасност

favqulodda holatlarda chiqish eshigi
излаз у случају нужде

Yong'in
пожар!

o't o'chirgich
противпожарни апарат

falokat
незгода

birinchi tibbiy yordam to'plami
кутија прве помоћи

falokat signali
сос

politsiya
полиција

yer
земља

Yevropa

Европа

Shimoliy Amerika

Северна Америка

Janubiy Amerika

Јужна Америка

Afrika

Африка

Osiyo

Азија

Avstraliya

Аустралија

Anlantika okeani

Атлантик

Tinch okeani

Пацифик

Hind okeani

Индијски океан

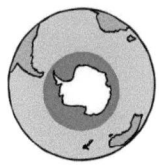

Antarktida okeani

Антарктички океан

Arktika okeani

Арктички океан

Shimoliy qutb

Северни рол

Janubiy qutb	Antarktika	yer
Јужни рол	Антарктик	земља

  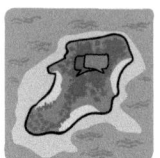

oʻlka	dengiz	orol
земља	море	оток

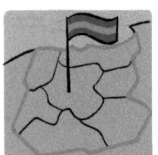 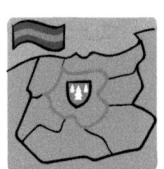

millat	davlat
нација	држава

soat
сат

stronomik vaqt ko'rsatgichi

бројчаник сата

soat mili

сатна казаљка

daqiqa mili

минутна казаљка

lahza mili

секундна казаљка

Soat necha?

Колико је сати?

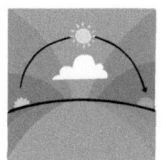

kun

дан

vaqt

време

hozir

сада

raqamli soat

дигитални сат

daqiqa

минута

soat

час

xafta
седмица

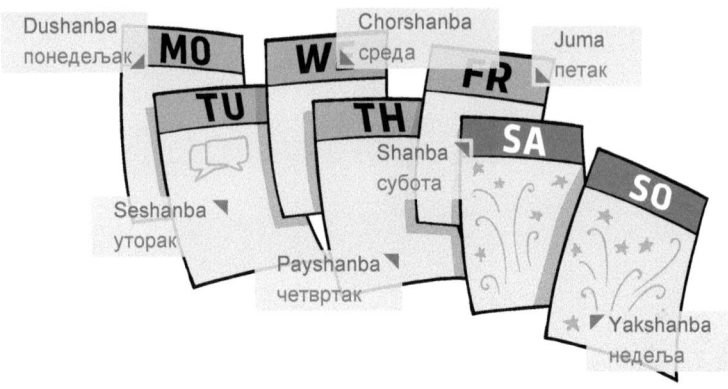

Dushanba — понедељак
Seshanba — уторак
Chorshanba — среда
Payshanba — четвртак
Juma — петак
Shanba — субота
Yakshanba — недеља

kecha
јуче

bugun
данас

ertaga
сутра

ertalab
јутро

peshin
подне

kechqurun
вече

ish kunlari
радни дани

dam olish kunlari
викенд

yil
година

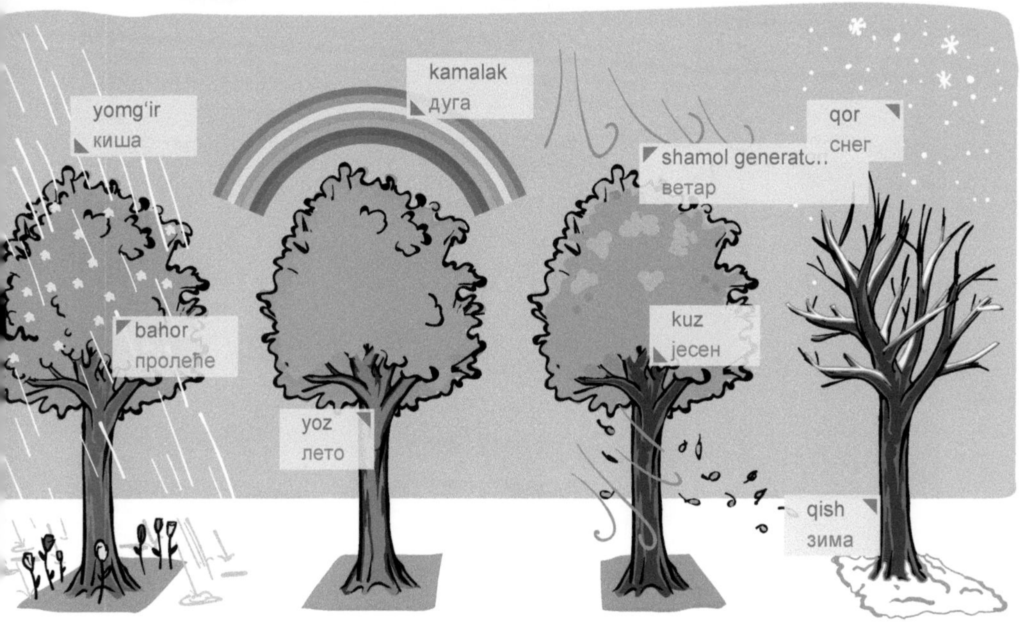

yomg'ir / киша
kamalak / дуга
qor / снег
shamol generator / ветар
bahor / пролеће
yoz / лето
kuz / јесен
qish / зима

ob-havo ma'lumoti
метеоролошка прогноза

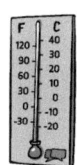

termometr
термометар

quyoshli
сунчана светлост

bulut
облак

tuman
магла

namgarchilik
влажност ваздуха

yil - година

chaqmoq

муња

momoqaldiroq

грмљавина

bo'ron

олуја

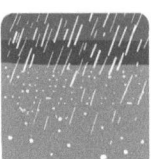

do'l

туча

namgarchilik mavsumi

монсун

toshqin

поплава

muz

лед

Yanvar

јануар

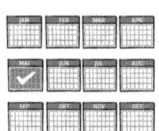

Fevral

фебруар

Mart

март

Aprel

април

May

мај

Iyun

јуни

Iyul

јули

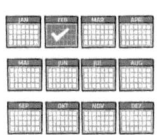

Avgust

август

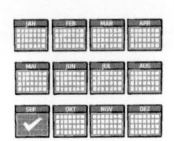

Sentyabr
....
септембар

Oktyabr
....
октобар

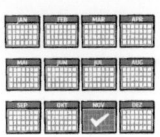

Noyabr
....
новембар

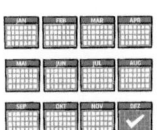

Dekabr
....
децембар

shakllar
облици

aylana
....
круг

kvadrat
....
квадрат

to'rtburchak
....
правоугао

uchburchak
....
троугао

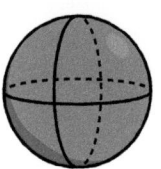

doira
....
кугла

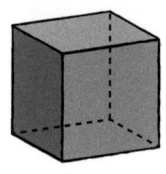

kub
....
коцка

ranglar
боје

oq
бела

sariq
жута

sabzi rang
наранџаста

pushti
ружичаста

qizil
црвена

toʻq qizil
љубичаста

koʻk
плава

yashil
зелена

jigar rang
смеђа

kul rang
сива

qora
црна

qarama-qarshi ma'noli so'zlar
супротности

ko'p / oz — g'azabli / xotirjam — go'zal / xunuk
много / мало — љутито / мирно — лепо / ружно

boshi / oxiri — katta / kichik — yorug' / qorong'u
почетак / крај — велико / малено — светло / тамно

aka / singil — toza / iflos — to'liq / chala
брат / сестра — чисто / прљаво — потпуно / непотпуно

kun / tun — o'lik / tirik — keng / tor
дан / ноћ — мртво / живо — широко / уско

yesa bo'ladigan / yesa bo'lmaydigan

јестиво / нејестиво

yovuz / xayrli

зло / добро

hayajonli / zerikarli

узбуђено / досадно

semik / oriq

дебело / мршаво

birinchi / oxirgi

на почетку / на крају

do'st / dushman

пријатељ / непријатељ

to'la / bo'sh

пуно / празно

qattiq / yumshoq

тврдо / мекано

og'ir / yengil

тешко / лагано

ochlik / chanqov

глад / жеђ

kasal / sog'lom

болесно / здраво

noqonuniy / qonuniy

илегално / легално

ziyoli / kaltafahm

паметно / глупо

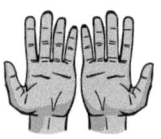

chap / o'ng

лево / десно

yaqin / uzoq

близу / далеко

yangi / ishlatilgan

ново / половно

hech narsa / bir narsa

ништа / нешто

qari / yosh

старо / младо

yoniq / o'chiq

укључено / искључено

ochiq / yopiq

отворено / затворено

past / baland

тихо / гласно

boy / kambag'al

богато / сиромашно

to'g'ri / noto'g'ri

тачно / погрешно

notekis / tekis

храпаво / глатко

xafa / xursand

тужно / сретно

qisqa / uzun

кратко / дуго

sekin / tez

полако / брзо

nam / quruq

мокро / сухо

iliq / salqin

топло / хладно

urush / tinchlik

рат / мир

qarama-qarshi ma'noli so'zlar - супротности

raqamlar
бројеви

0 nol — нула

1 bir — један

2 ikki — два

3 uch — три

4 toʻrt — четири

5 besh — пет

6 olti — шест

7 yetti — седам

8 sakkiz — осам

9 toʻqqiz — девет

10 oʻn — десет

11 oʻn bir — једанаест

12
o'n ikki
дванаест

13
o'n uch
тринаест

14
o'n to'rt
четрнаест

15
o'n besh
петнаест

16
o'n olti
шестнаест

17
o'n yetti
седамнаест

18
o'n sakkiz
осамнаест

19
o'n to'qqiz
деветнаест

20
yigirma
двадесет

100
yuz
стотину

1.000
ming
хиљаду

1.000.000
million
милион

raqamlar - бројеви

tillar
језици

Ingliz

енглески

Amerikacha ingliz tili

амерички енглески

Xitoy tilining Mandarin lahchasi

мандарински кинески

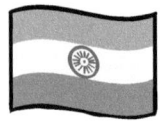

Hind

хиндски

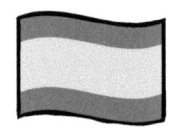

Ispan

шпански

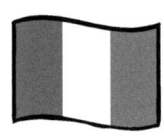

Frantsuz

француски

Arab

арапски

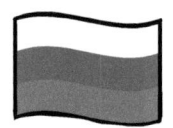

Rus

руски

Portugal

португалски

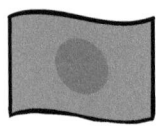

Bengal

бенгалски

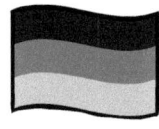

Nemis

немачки

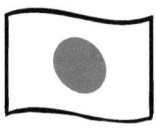

Yapon

јапански

kim / nima / qanday
ко / шта / како

Men

ја

Sen

ти

u / u / u

он / она / оно

biz

ми

sizlar

ви

ular

они

kim?

Ко?

nima?

Шта?

qanday?

Како?

qayerda?

Где?

qachon?

Када?

ism

име

qayerda
где

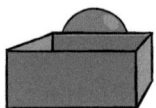
orqada
иза

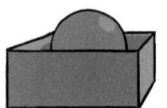
ichida
у

oldida
испред

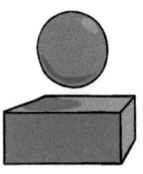
uzra
преко

ustida
на

tagida
испод

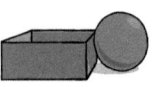
yonida
поред

o'rtasida
између

joy
место